Pescadores
de antes y de hoy

Lisa Zamosky

Créditos de publicación

Rachelle Cracchiolo, M.S.Ed., *Editora comercial*

Conni Medina, M.A.Ed., *Gerente editorial*

Emily R. Smith, M.A.Ed., *Realizadora de la serie*

Robin Erickson, *Directora de arte*

Caroline Gasca, M.S.Ed, *Editora superior*

Sam Morales, M.A., *Editor asociado*

Torrey Maloof, *Editora asistente*

Jill Malcolm, *Diseñadora gráfica básica*

Library of Congress Cataloging-in-Publication Data

Names: Zamosky, Lisa, author.
Title: Pescadores de antes y de hoy / Lisa Zamosky.
Other titles: Fishers then and now. Spanish
Description: Huntington Beach : Teacher Created Materials, [2018] | Includes index. |
Identifiers: LCCN 2018022166 (print) | LCCN 2018025251 (ebook) | ISBN 9781642901313 (ebook) | ISBN 9781642901153 (paperback)
Subjects: LCSH: Fishers--Juvenile literature.
Classification: LCC HD8039.F65 (ebook) | LCC HD8039.F65 Z3618 2018 (print) |
  DDC 639.2--dc23
LC record available at https://lccn.loc.gov/2018022166

Teacher Created Materials

5301 Oceanus Drive
Huntington Beach, CA 92649
www.tcmpub.com

ISBN 978-1-6429-0115-3

© *2019 Teacher Created Materials, Inc.*
Printed in China
Nordica.092018.CA21801136

Contenido

Uno de los trabajos más antiguos del mundo

La pesca fue uno de los trabajos más antiguos del mundo. Los pescadores primitivos debían esforzarse mucho para hallar tan solo algunos peces. Luego aprendieron maneras de hacer más fácil su labor. Crearon nuevas herramientas. Usaron barcos para trasladarse en el agua. Ahora, los pescadores pueden pescar lo suficiente como para alimentar a todo el mundo.

⬇ Un indígena pesca en un arroyo.

un ▶
mercado
asiático de
pescado

▼ Pescadores trabajan en un barco.

▲ Este niño jala
una red llena
de cangrejos
de río.

◀ ¡Mira cuántos cangrejos de
río hay en este contenedor!

Pesca fácil

Los **crustáceos** son los animales más fáciles de pescar. Las langostas, los cangrejos y los camarones son tipos de crustáceos. No nadan rápido. Antes las personas los pescaban con trampas y redes. Pescaban en lagos y ríos. Los pescadores iban allí, donde el agua no era profunda.

⬇ Esta es una trampa. Con ella se pueden atrapar langostas y cangrejos.

Herramientas de pesca

Los primeros pescadores usaban cuchillos para pescar. Después aprendieron a usar otras herramientas como redes y arpones. Y luego intentaron con anzuelos, líneas y **cebos**.

Al principio, los pescadores pescaban desde la costa. Después los pescadores comenzaron a usar barcos para salir al agua. Hallaban más peces. También atrapaban peces más grandes.

Estos cebos se usan para pescar.

◀ Este hombre usa un arpón para pescar desde un bote.

una nutria pescando

Animales que ayudan

En China se entrenan nutrias para zambullirse y atrapar peces. Ayudan a los pescadores en su labor. En Japón, los pescadores entrenan aves para ayudarlos a pescar.

Las redes grandes ayudan a atrapar muchos peces.

Aprovechando el pescado

Ahora los pescadores tenían mejores herramientas. Entonces atrapaban más peces de los que podían comer de inmediato. Tuvieron que aprender a preparar el pescado. Debían evitar que el pescado sobrante se echara a perder. Por eso salaban, secaban y **ahumaban** el pescado. Esto evitaba que se arruinara.

Los pescadores no necesitaban todo el pescado para sus familias. Entonces vendían el pescado sobrante en mercados.

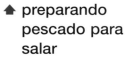 preparando pescado para salar

◀ salando el pescado bajo la cubierta de un barco

Las mascotas también necesitan pescado

Tres de diez peces que se pescan no son para que los comamos nosotros. Se usan para alimentar mascotas y animales de granja.

◀ pescado secándose al sol

▼ pescado secándose al aire del mar

Barcos de pesca

Con el tiempo, los barcos se volvieron cada vez más grandes. Llevaban a los pescadores mar adentro. También ayudaban a que los pescadores pudieran preparar más pescado para la venta. Los primeros barcos se llamaban **veleros**. Eran impulsados por el viento. Pero si no había viento, los barcos simplemente flotaban. Después, los **barcos a vapor** reemplazaron a los veleros. Podían viajar grandes distancias en cualquier tipo de clima.

⬇ pescadores trabajan en un velero

🔺 Aquí se vendía y compraba pescado hacia 1880.

🔻 Este es un barco a vapor.

El primer barco a vapor

La primera vez que se impulsó un barco a vapor fue en 1783. Fue en un río en Francia. El viaje duró 15 minutos. Después el motor se agotó.

Demanda en aumento

Las personas iban a los mercados a comprar pescado. Pronto pedían más y más pescado. Por eso los barcos de pesca se hicieron de tamaños más grandes. Las pequeñas trampas para peces se hicieron más grandes. Los pescadores hacían sus redes más grandes. Usaban largas líneas con muchos anzuelos en vez de solo uno.

Demanda de pescado

A las personas les encanta comer pescado. Cada año se pescan casi 130 millones de toneladas de pescado. ¡Eso es mucho pescado!

Este barco arrastra una gran red para atrapar muchos peces de una vez.

¡Mira cuántas hileras de trampas hay en el muelle!

Una red de pesca se lleva a la costa.

Contratando más ayuda

Las nuevas herramientas ayudaron a los pescadores a atrapar más peces. Pero estas herramientas eran difíciles de usar. Se necesitaban más personas para hacerlas funcionar. Por eso los pescadores contrataban personas para ayudarlos en los barcos. La **industria** pesquera creció.

anzuelos usados para atrapar peces ➤

◀ Este capitán pilotea su barco.

Este pescador ➤ sostiene su pesca.

Trabajo peligroso

Pescar puede ser un trabajo muy peligroso. Las herramientas son afiladas. Los barcos se mueven rápido y los pisos de las cubiertas son resbalosos. Los pescadores deben tener cuidado. Si no ponen atención a lo que hacen, se pueden lastimar.

Barcos más fuertes

Los barcos comenzaron a construirse con motores. Las lanchas motoras eran mejores que los otros barcos de pesca. Los barcos a motor podían viajar mar adentro. Podían permanecer allí durante días e incluso semanas. Los pescadores podían atrapar más peces.

Los barcos solían construirse con madera. Hoy, la mayoría de los grandes barcos de pesca son de acero. Estos barcos son mucho más fuertes.

Los nuevos barcos de ➤ acero son muy fuertes.

▲ pescadores con la pesca del día

▼ Estos pescados están siendo almacenados en la bodega.

Refrigerador a bordo

Los barcos de pesca tienen contenedores llamados **bodegas**. Las bodegas se mantienen refrigeradas. Los pescadores ponen el pescado en las bodegas. Esto evita que el pescado se eche a perder.

Este capitán usa una ➤ computadora en su barco.

Pesca a la venta

Hoy hay muchos pescadores. La pesca es ahora un gran **negocio**. Las **pescaderías** venden toda clase de pescado.

La mayoría de los barcos de pesca de hoy tienen computadoras. Son excelentes herramientas para los pescadores. Ayudan a los capitanes a ver qué clima habrá. Y ayudan a los pescadores a hallar los mejores lugares para la pesca. Esto facilita mucho la tarea de un pescador.

Protegiendo a los peces

Muchas clases de peces hoy están **extintas**. Los pescadores atraparon demasiados. Ahora, ya no hay. Hoy hay leyes que frenan esto. Está prohibido atrapar algunos peces. Otros peces pueden atraparse en ciertas épocas.

◀ Hoy los pescadores deben seguir reglas.

▼ Estas mujeres envasan huevos de pescado en jarras de vidrio.

Trayendo el pescado

Algunos pescadores pasan días en el mar. Luego navegan de vuelta al puerto. Descargan su pesca y la ponen en hielo. El pescado va directo al mercado.

Todos los días millones de personas comen pescado. Dependemos de los pescadores que atrapan los peces que necesitamos. La pesca es un trabajo importante.

▼ un mercado de pescado en 1900

▲ un mercado de pescado hoy

¿Alguna vez has salido de pesca? En ese caso sabes que es una tarea muy dura. Los pescadores deben ser pacientes. Luego tienen que llevar el pescado a los mercados. La próxima vez que veas productos de mar en una tienda piensa en la labor de los pescadores. Hizo falta mucho esfuerzo para que ese pescado estuviera listo para la venta.

Un día en la vida de antes

Ahrookoos (1851–1899)

Ahrookoos era un indígena hupa. Vivió en California a orillas del río Trinity. Su pueblo atrapaba pescado para comer. Usaban arpones y redes para atrapar salmón. Su tribu tenía muchas canciones y danzas. Ahrookoos era un buen pescador.

Imaginemos que le hacemos algunas preguntas a Ahrookoos sobre su trabajo.

¿Por qué decidió ser pescador?

Mi tribu necesita comer. Ayudo a alimentar a mi pueblo. Es un trabajo especial. Algunas personas de nuestra tribu no son lo suficientemente fuertes como para pescar. Por eso lo hago. Soy bueno pescando. Pero también es un trabajo duro.

¿Cómo es un día en su vida?

Por la mañana preparo mi canoa para el día. Guardo mis herramientas de pesca en el bote. En el río pesco salmón con mi arpón. Llevo todo el pescado a mi tribu. Por la noche cocinamos el pescado en canastos que fabricamos. También comemos harina de bellotas y venado. Por la noche cantamos y danzamos. Estoy muy cansado cuando me voy a dormir.

¿Qué es lo que más le gusta de su trabajo?

Soy importante para mi pueblo. Ellos necesitan que pesque para que puedan comer. Ayudo a mi tribu a mantenerse saludable y fuerte. Eso me hace sentir especial.

Herramientas del oficio de antes

Este pescador debió usar una red pequeña para atrapar peces. Él mismo hizo la red. No tenía un bote. Por eso tuvo que caminar por el puente hasta atrapar un pez.

Estos pescadores usaban grandes redes en un barco de pesca. Así atrapaban **ostras**.

Esta es una **caja de aparejos** de pesca de hace mucho tiempo. Perteneció a George Washington. La usaba para transportar sus herramientas de pesca.

Washington's Fishing Tackle.

Herramientas del oficio de hoy

Hoy los pescadores usan grandes redes. Llevan los barcos mar adentro. ¡Estos pescadores han atrapado toneladas de camarones y de pescado!

Los pescadores también usan cañas de pescar para atrapar peces. Una caña tiene un trozo de cuerda con un anzuelo en el extremo. El pez queda atrapado en el anzuelo. Luego, el pescador enrolla la cuerda y jala el pescado al barco.

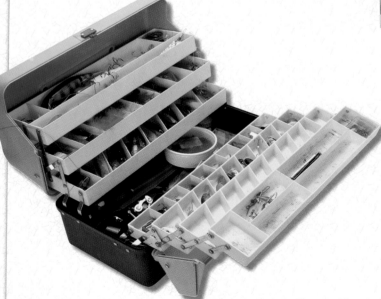

Esta es una caja de aparejos moderna. Los pescadores aún usan estas cajas para guardar sus herramientas de pesca.

Un día en la vida de hoy

John Levins

John Levins es pescador. Pesca en Luisiana. Su trabajo es muy duro. Debe pescar en toda clase de clima. Pero a él le encanta. El señor Levins ha pescado durante 35 años.

▲ El Sr. Levins sostiene con orgullo su pesca del día.

¿Por qué decidió ser pescador?

Mi tío Lee era pescador. Me llevaba a atrapar bagres. Yo tenía solo siete años. Recuerdo todos los olores. Recuerdo el olor de su impermeable. Y recuerdo el olor de la carnada. Me encantaba el olor del aire fresco y limpio que venía del agua. Hasta lo podías saborear. Solíamos pescar por la mañana temprano. Los colores de la mañana eran tan brillantes. Era hermoso. Me encantaba levantar las trampas y ver retorcerse a los peces. Y me encantaba andar en los barcos.

¿Cómo es un día en su vida?

Un mal día de pesca es mejor que un buen día haciendo cualquier otra cosa. Me levanto temprano. Me entusiasma ver lo que atraparé. ¡Es un trabajo muy duro! Debo ser cuidadoso. Trabajo con anzuelos puntiagudos y sogas. Es un verdadero desafío. Debo saber sobre el clima y las **mareas**. Y debo saber de las **temperaturas** ambiente y del agua. Esto me ayuda a saber dónde estarán los peces y si ese día estarán hambrientos.

¿Qué es lo que más le gusta de su trabajo?

La emoción de la pesca hace que sea un gran trabajo. Y me gusta la libertad de cada día. Cuando estoy en mi barco siento que soy parte de la naturaleza. Observo todo lo que está a mi alrededor. Y eso me hace sentir bien.

Glosario

ahumaban: ponían el pescado al humo para conservarlo

barcos a vapor: grandes barcos que se trasladan en el agua impulsadas por máquinas de vapor

bodegas: contenedores de almacenaje en la parte inferior de los barcos

caja de aparejos: una pequeña caja que se usa para guardar herramientas de pesca

cebos: carnadas falsas con garfios usadas para atrapar peces

crustáceos: animales acuáticos que tienen caparazón

extintas: que ya no viven sobre la Tierra

industria: la elaboración y venta de alimentos u otros objetos

mareas: subidas y bajadas de agua en el océano

mercado: un lugar donde se vende y se compra cosas

negocio: la compra y venta de productos

ostras: una clase de marisco

pescaderías: negocios donde se vende pescado

temperaturas: niveles de frío y caliente

veleros: barcos que se trasladan en el agua usando solamente el viento en sus velas

Índice

Créditos

Agradecimientos

Un agradecimiento especial a John Levins por proveer la entrevista para "Un día en la vida de hoy". El Sr. Levins es pescador en Luisiana.

Créditos de imágenes